BEI GRIN MACHT SICH IHR WISSEN BEZAHLT

- Wir veröffentlichen Ihre Hausarbeit,
  Bachelor- und Masterarbeit

- Ihr eigenes eBook und Buch -
  weltweit in allen wichtigen Shops

- Verdienen Sie an jedem Verkauf

Jetzt bei www.GRIN.com hochladen und kostenlos publizieren

GRIN ☺

Erstellung eines Strategieberichts für ein Gesundheitsstudio in Düsseldorf

Mark Baumann

Bibliografische Information der Deutschen Nationalbibliothek:

Die Deutsche Nationalbibliothek verzeichnet diese Publikation in der Deutschen Nationalbibliografie; detaillierte bibliografische Daten sind im Internet über http://dnb.d-nb.de abrufbar.

ISBN: 9783346689214
Dieses Buch ist auch als E-Book erhältlich.

© GRIN Publishing GmbH
Nymphenburger Straße 86
80636 München

Druck und Bindung: Books on Demand GmbH, Norderstedt Germany
Gedruckt auf säurefreiem Papier aus verantwortungsvollen Quellen

Das Buch bei GRIN: https://www.grin.com/document/1253122

Deutsche Hochschule für

Prävention und Gesundheitsmanagement

Hermann-Neuberger-Sportschule 3

66123 Saarbrücken

Hausarbeit

Name, Vorname	Baumann, Mark
Studiengang	Master Prävention und Gesundheitsmanagement
Studienmodul	Strategische Unternehmensführung 1
Datum Präsenzphase (siehe Ergebnisdokumentation)	02.05.22-04.05.22
Aufgabe	Erstellung eines Strategieberichts für ein Gesundheitsstudio in Düsseldorf

Inhaltsverzeichnis

1 Darstellung der Ausgangssituation

1.1 Wahl des Standortes

Der gewählte Standort des Studios ist die Heinrich-Heine-Allee 16. Der Standort ist sehr zentral in Düsseldorf. Zu sehen sind mehrere U- sowie Straßenbahnstationen, um den Weg zum Studio zu vereinfachen. Außerdem befinden sich mehrere Parkhäuser in der Umgebung. Nicht weit entfernt befindet sich der Marktplatz, der Burgplatz und die Rheinwerft, also liegt das Studio in einem gut besuchten Teil der Stadt. Weiterhin ist südlich des Studios die Düssel mit dem Hofgarten, was für einen schönen Ausblick aus dem Studio sorgt. Der Standort liegt im Stadtbezirk 1, welcher mit 86.595 Einwohnern (Stand 2019) der drittgrößte Bezirk der Stadt ist. Der bestbewohnte Stadtbezirk 3 mit 120.866 Einwohnern (Stand 2019) liegt direkt südlich des Bezirks 1 (Statista, 2021).

Anmerkung der Redaktion: Diese Abbildung wurde aus urheberrechtlichen Gründen entfernt.

Abbildung 1: Standort des Studios (Google Maps) [1:100]

1.2 Beschreibung des Unternehmenstyps

Der Unternehmenstyp ist ein Gesundheitsstudio. Das bedeutet, es wird darauf hingearbeitet, dass die Kunden ihre Gesundheit bestmöglich fördern können. Erfüllt werden sollen alle Kriterien des Bundesverbands für Gesundheitsstudios Deutschland [BVGSD].

Die fachliche Leitung muss eine mindestens 3-jährige Ausbildung oder Studium im Gesundheitssport besitzen. Das Trainerpersonal muss mindestens eine Trainer-B-Lizenz besitzen.

Der Prozess der Trainingsleitung beinhaltet Anamnese, Trainingsplanerstellung sowie dessen Durchführung durch das Fachpersonal.

Die Kurse des Studios werden ebenfalls durch fachlich geschultes Personal angeboten und durchgeführt. Außerdem gibt es einen klaren Notfallplan sowie erste Hilfe Nachweise der Beschäftigten.

Es werden folgende Dienstleistungen angeboten: Trainingsplanerstellung mit Einweisung und Anamnese, Betreuung während den gesamten Öffnungszeiten, Sauna, sowie Massagen.

Angeboten werden auch: Nahrungsergänzungsmittel, Getränke und Merchandise-Artikel.

Diese Dienstleistungen und Produkte wurden gewählt, weil sich das Studio so insbesondere von Dicounterstudios absetzen kann. Durch individuelle und persönliche Trainingsbetreuung kann jeder Kunde genau auf seine Wünsche und Bedürfnisse trainiert werden und fühlt sich verstanden und gut aufgehoben. Da in einem Gesundheitsstudio oft ältere Menschen trainieren bietet die Sauna einen perfekten Ausgleich zum Training.

Die Massagen unterstützen diese Möglichkeit zusätzlich. Produkte wie Nahrungsergänzungsmittel helfen bei der optimalen Versorgung des Körpers mit Nährstoffen, die sonst fehlen und die Merchandise-Artikel geben den Kunden die Möglichkeit das Unternehmen zu unterstützen und bekannter zu machen.

2 Phase der strategischen Zielplanung

2.1 Unternehmerische Vision / Mission / Grundwerte

Die Vision des Studios lässt sich ausdrücken mit "Gesundheit für alle".

Dieser Ausdruck ist wandelfokussiert, da von einem alten auf einen neuen Zustand hingearbeitet wird, also von weniger bzw. ungesund bis hin zu gesund.

Außerdem ist er feindfokussiert, indem klar aufgezeigt wird, dass es das Ziel ist alle Menschen gesund zu machen und somit ganz klar nicht der Kunde als Zahl im System, sondern als Mensch angesehen wird.

Das Unternehmen wirkt mit dieser Vision rollenfokussiert, da der Vorbildcharakter über den Trainingsprozess hinausgeht und auf die Mission abzielt: Menschen helfen sich gegenseitig.

Weiterführend wird die Zielfokussierung verdeutlicht. Allen Menschen, die sich gesünder fühlen wollen, zu helfen, unabhängig vom status quo.

Wie bereits angesprochen ist die Mission des Unternehmens Menschen zu helfen.

Dies kann durch mehrere Aspekte geschehen, unabhängig davon, ob der Kunde den sozialen Aspekt der Trainingsbetreuung priorisiert oder die Entspannung und Stressbewältigung der Sauna oder Massagen oder der Fakt, dass im Trainingsplan auf seine eigenen Bedürfnisse eingegangen wird.

Jeder Kunde soll die Chance haben für sich die Gesundheit zu verbessern. Es gibt keine spezielle Kundengruppe, da die Gesundheit für alle ist.

Die Grundwerte des Unternehmens leiten sich aus der Vision ab. Der Ausgangszustand des Kunden spielt keinerlei Rolle im Bezug auf den Umgang. Jeder Kunde ist gleichgestellt mit dem Nächsten und dem Vorherigen, aber niemand ist gleich. Jeder Kunde bekommt die gleiche Wertschätzung und Qualität. Einer der Grundwerte ist die Unvoreingenommenheit des Unternehmens. Ebenfalls ein Grundwert, welcher vertreten wird, ist, jeder Schritt zählt unabhängig wie klein er zu sein scheint. Jeden Tag ein Stückchen besser zu sein, als der Tag davor und vor allem keine Vergleiche zu ziehen. Das bedeutet, den Kunden klarzumachen, dass es jeden Tag nur darum geht weiterzukommen als den Tag davor und es immer nur "Ich gegen Mich" ist.

Diese Grundwerte sind nicht nur gute Leitfäden, wenn es um das Training und dessen Erfolge geht, sondern auch für den Alltag.

Also kommt hier die Parallele zur Mission ins Spiel. Es wird den Kunden nicht nur trainingsbezogen geholfen, sondern auch versucht eine Mentalität zu verankern, die jeden weiterbringt.

2.2 Strategische Zielplanung

Das erste strategische Ziel um die Vision umsetzen zu können ist, der Aufbau eines fachlich geschulten Personals. Angedacht sind insgesamt fünf Trainer innerhalb des ersten Eröffnungsjahres. Diese Trainer sichern die qualitative Betreuung der Kunden und müssen gemäß der Mission eine hohe Sozialkompetenz besitzen, um somit auch Ziel 2 zu erreichen. Dieses Ziel befasst sich damit das Image des Unternehmens zu etablieren und zu verbessern, sodass in den ersten drei Jahren nach Eröffnung mindestens zwei Kooperationspartner (Firmen, Krankenkassen oder Konzerne) gewonnen werden können. Die Kooperation wirkt sich insofern aus, dass die Mitarbeiter der Konzerne eine Ermäßigung und in Teilen eine gesamte Erstattung der Trainingsgebühr vom Arbeitgeber erhalten.

Das dritte Ziel setzt den Fokus auf den finanziellen Aspekt des Gewerbes. Hier soll ein Mitgliedergewinn von mindestens 500 Mitgliedern innerhalb der ersten vier Jahre erzielt werden.

Letztlich das vierte Ziel ist die Steigerung der Kundenzufriedenheit auf 90%. Es werden alle sechs Monate Befragungen anhand einer Stichprobe mit 10% der aktuellen Mitgliederzahl durchgeführt. Die Antworten werden mit denen der letzten Befragung verglichen und eine Evaluation wird erstellt. Dieses Ziel synergiert somit dem Ziel 2, also der Verbesserung des Images.

2.3 Branchenvergleich

Tab. 1: Mission, Vision und Grundwerte der Mitbewerber (eigene Darstellung)

Unternehmen	Vision	Mission	Grundwerte
Vitalis Gesundheits-zentrum (regional)	"wir machen euch gesund"	"Unsere familiäre Atmosphäre wurde uns schon oft attestiert. Unser Team setzt sich aus qualifizierten Rehafachübungsleitern, Personal Trainern sowie Sportwissenschaftlern zusammen. Somit finden Sie die besten Ausbildungsvoraussetzungen vor, die Ihnen kompetente Betreuung garantiert."	- Kundenbretreuung - Kundenzufriedenheit - Gesundheit - Familiäre Atmosphäre
Kieser Training (überregional)	"Ja zu einem starken Körper"	"Qualität bedeutet bei Kieser Training, die Erwartungen und Anforderungen unserer Kunden zu erfüllen und immer wieder zu übertreffen. Da der Markenname einem Versprechen gleichkommt, müssen wir gewährleisten, dass unsere Kunden in jedem Studio eine einheitliche und gleich gute Dienstleistung erhalten. Das Qualitätsmanagement von Kieser Training prüft dies regelmäßig."	- Qualität - Erfahrung - Innovativ - Kundenzufriedenheit
Sport- und Gesundheitsstudio Lilienthal GbR (überregional)	"Gesund und fit – sei bereit, etwas zu verändern - mit unserer Hilfe"	Hier bist du nicht nur einer von vielen Kunden, sondern wirst ganz individuell von unseren top ausgebildeten und spezialisierten Trainern beraten. Deine Gesundheit liegt uns am Herzen. Ob jung oder alt, ob sportlich oder vollkommen untrainiert, wir begleiten dich auf deinem Weg zu einem gesunden und fitten Körper.	- Kundenzufriedenheit - Modernität - Lockere Atmosphäre - Qualität

Die Visionen, Missionen und Grundwerte der Mitbewerber ähneln denen unseres Unternehmens. Der große Unterschied liegt jedoch darin, dass unser Unternehmen klar Stellung bezieht, nicht nur bezogen auf die Gesundheit, sondern auch im Bezug auf die Mentalität eine Richtung zu geben. Somit wird klar, dass die Betreuung kein reines Unternehmen-Mitarbeiter-Verhältnis ist, sondern gezielt versucht wird den Kunden über ihren Besuch hinaus zu helfen. Dieser Unterschied setzt unser Unternehmen trotz vieler Parallelen entscheidend von den Mitbewerbern ab.

3 Phase der strategischen Analyse und Prognose

3.1 Branchenstrukturanalyse

Der Branchenwettbewerb beinhaltet mehrere Konkurrenten, wie z.B. andere Gesundheitsstudios (Vitalis Gesundheitszentrum oder Gesundheitsstudio Liebetanz). Jedoch sind auch Discounter wie McFit und Fitness First in Düsseldorf vertreten. Weitere Konkurrenten sind Mikrostudios (Bodystreet) oder von Krankenkassen angebotene Rehasportkurse.

Da der Fitness- und Gesundheitsmarkt ständig wächst, ist mit vielen potenziellen Konkurrenten zu rechnen (DSSV, 2020, S. 2). Gerade Mikrostudios, die mit wenig Aufwand aufgebaut werden können, stellen potenziell einen Kundenabtrieb dar.

Die Lieferanten besitzen keine essenziellen Verhandlungsstärken, da bis auch Supplementierung keine Bedarf an Lieferanten besteht.

Die Konkurrenz durch Ersatzprodukte ist allerdings recht hoch in der Branche. Zum einen bieten Sportvereine aller Sportarten ein Ersatzprodukt zum Gesundheitstraining und zum anderen treiben viele Menschen Sport von zu Hause aus oder gehen schlichtweg joggen oder Fahrrad fahren.

Die Kunden besitzen im Gegenzug zu den Lieferanten eine sehr hohe Verhandlungsstärke. Da der Markt für Fitness stetig wächst, wächst auch der Wettbewerbsdruck der Unternehmen, so kann der Kunde eine Auswahl an Studios abwägen und seine Position in der Verhandlung stärken (DSSV, 2020, S.2).

3.2 SWOT-Analyse

Die Swot-Analyse beschäftigt sich mit den Stärken und Schwächen (intern) und mit den Chancen und Risiken (extern). Nach dieser Analyse werden Chancen und Risiken ersichtlich, welche genutzt oder ausgebessert werden können. Anhand dieser Analyse können Strategien abgeleitet werden, die die Marktposition des Unternehmens verbessern (Schawel & Billing, 2011).

Stärken:

Die Stärken des Unternehmens liegen im Angebot: Eine fachlich betreute Trainingsmöglichkeit in Kombination mit Wellness und Entspannung. Rehasportkurse und Gesundheitskurse können von Krankenkassen übernommen werden. Die Betreuung findet zu allen Öffnungszeiten statt, also ist man immer fachlich kompetent beraten, falls Unklarheiten aufkommen.

Schwächen:

Zu Beginn des Studios liegt ein niedriger Bekanntheitsgrad ohne Image vor. Aufgrund der Positionierung im Gesundheitswesen werden besonders ältere Menschen angesprochen, d.h. junge fitte Menschen können den Eindruck haben, es wäre kein geeignetes Studio für sie. Durch die intensive Betreuung siedelt sich das Preissegment im Premiumbereich an.

Chancen:

Die größte Chance liegt am Gesundheitsmarkt an sich. Der stetige Wachstum des Marktes führt dazu, dass auch das Gesundheitsbewusstsein in der Bevölkerung steigt und somit ein Gesundheitsstudio an Popularität gewinnt. Dieses Wachstum lässt sich durch die steigende Zahl der Mitglieder in Sportstudios belegen (DSSV, 2020, S.2)

Aufgrund der positiven Entwicklung des betrieblichen Gesundheitsmanagements liegt in Kooperationen mit Krankenkassen und Firmen die nächste große Chance für Gesundheitsstudios.

In der heutigen Zeit ist die Digitalisierung eine bedeutende Chance der Branche. Gerade Online-Kurse oder Ernährungsberatungen über Calls sind mit wenig Aufwand für beide Seiten verbunden und bieten die gleiche Qualität wie persönliche Ausführungen. Jeder Kunde kann anhand von Apps seinen Ernährungs- und Trainingsplan einsehen und Nachvollziehen.

Risiken:

Eine Chance wie die Digitalisierung kann auch zum Risiko werden. Viele Menschen schreckt das Digitale ab. Gerade ältere Menschen haben nicht die Intuition für moderne Medien wie jüngere Menschen. Durch Apps, die unterstützend zum Laufen oder anderen Aktivitäten dienen, besteht für manche keine Notwendigkeit einen Trainingsplan und Gerätetraining dazu zu nehmen (Drack, 2017)

Der ständige Wandel des Gesundheitsmarktes ist ebenfalls ein beachtliches Risiko. Der Markt ist ständig im Wandel und damit ist es essenziell mit diesem Wandel zu gehen und nicht auf der Strecke zu bleiben. Also ständige Innovation ist gefragt.

SWOT-Matrix:

Hier werden nun alle Faktoren der SWOT- Analyse einander gegenüber gestellt.

Die sogenannten SO-Strategien (Strength-Opportunity) befassen sich mit den Stärken und den Chancen.

Im Falle dieses Unternehmens ist die Strategie das Augenmerk auf die breit aufgestellte Trainingskompetenz zu legen. Mit den individuellen Plänen jedes Kunden kann das Gesundheitsbewusstsein des Kunden weiter gefördert werden.

Aufgrund der Zunahme des betrieblichen Gesundheitsmanagements können die Kooperationen mit Krankenkassen und Firmen optimiert werden. Somit wird der Bereich des betrieblichen Gesundheitsmanagements verbessert und die Chancen mit den Stärken ausgeweitet.

Die WO-Strategien (Weakness-Opportunity) befassen sich mit den Schwächen und Chancen des Unternehmens.

Durch die Popularität des Gesundheitsmarkts kann der fehlende Bekanntheitsgrad Stück für Stück verbessert werden. Marketingkampagnen und Werbungen können helfen ein Bewusstsein für das Unternehmen aufzubauen und zu etablieren. So lassen sich viele potenzielle Kunden (vor allem) im regionalen Bereich erreichen.

Der Preis im Premiumsegment kann mit Hilfe von Kostenübernahmen von Krankenkassen und Arbeitgebern ausgeglichen werden. Mit einem Rehasportschein wird der komplette Rehasport von der Krankenkasse übernommen und als Mitglied kann ein Teil der Vergütung wieder an den Kunden erstattet werden, um diese Preisbarriere zu überwinden.

Die ST-Strategien (Strength-Threat) befassen sich mit den Stärken und Risiken.

Durch die individuelle Betreuung im Studio ist die Digitalisierung nur ein Angebot und kein Muss. Das bedeutet, dass ältere Kunden, welche sich nicht mit Medien auskennen oder es nicht wollen, weiterhin analog betreut werden können. Die Trainingspläne werden von Hand geschrieben und erklärt.

Mit dem Angebot von individueller Trainingsbetreuung, Online-Kursen und Beratungen, Wellnessleistungen und Supplements, ist das Studio so breit aufgestellt wie es auf dem aktuellen Markt möglich ist. Somit kann sinnvoll auf Innovationen reagiert werden und alles auf den neusten Stand gebracht werden.

Die WT-Strategien (Weakness-Threat) befassen sich mit Schwächen und Risiken des Unternehmens.

Durch die Einrichtung eines separaten Gerätezirkels können Kunden ohne festen Vertrag für einen reduzierten Preis trainieren. Diese Kunden dürfen dann nur einen Zirkel aus ausgewählten Geräten benutzen. Somit können auch Menschen, die sich eine normale Mitgliedschaft nicht leisten können, ein gesundheitsförderndes Training bekommen. Alternativ kann man für einen geringen Preis im Monat eine entwickelte App herunterladen, welche einen Trainingsplan mit Übungen für zuhause enthält. So muss kein voller Mitgliedsbeitrag bezahlt werden und der Kunde kann trotzdem ein für ihn zugeschnittenes Programm absolvieren, welches auf Anfrage auch abgeändert werden kann.

Wegen des geringen Bekanntheitsgrades bei Eröffnung und des ständigen Wandels der Branche und des Marktes müssen ausreichend Marketing- und Werbekampagnen geplant werden. Beispielsweise können alle Interessenten einen Monat gratis trainieren und bekommen im Falle der Anmeldung einen zweiten Monat gratis dazu. So kann schnell das Image verbessert werden und die Qualität der Betreuung wird ersichtlich.

3.3 Zielplanung

Bei den gesteckten Unternehmenszielen bleibt zu beurteilen, dass alle vier Ziele im Rahmen der vorgenommenen Zeit realistisch erscheinen. Aufgrund der rundum Betreuung müssen genügend Trainer anwesend sein.

Der wachsende Markt für Gesundheit, das steigende Gesundheitsbewusstsein und das Wachstum im Bereich betriebliches Gesundheitsmanagement lassen darauf schließen, dass zwei Kooperationspartner innerhalb von drei Jahren durchaus realisierbar sind,.

Das dritte Ziel der Mitgliedergewinnung setzt eine gut strukturierte Marketingkampagne voraus. Durch eine Aktion, wie oben bei den WT-Strategien beschrieben, können viele Mitglieder generiert und das Image gesteigert werden. Mit regelmäßigen gezielten Aktionen können in einer Stadt wie Düsseldorf viele potenzielle Kunden erreicht werden.

Das Ziel der Steigerung der Kundenzufriedenheit setzt ein gutes Beschwerdemanagement voraus. Um dieses Ziel zu erreichen muss erkannt werden, was die Kundenzufriedenheit steigert und was diese senkt. Jedoch muss auch beachtet werden, dass das Unternehmen dabei keinen seiner Grundwerte verliert oder Vision/Mission aus den Augen verliert.

4 Phase der Strategieformulierung

4.1 Strategieformulierung

Es werden zunächst Strategien auf Unternehmensebene und anschließend auf der Ebene der Geschäftsbereiche angeführt.

Auf Unternehmensebene wird eine Wachstumsstrategie verfolgt, genauer gesagt die Strategie der Marktdurchdringung. Bei der Marktdurchdringung werden alte Produkte auf einem bestehenden oder neuen Markt angeboten. In diesem Fall werden alte Produkte bzw. Dienstleistungen auf einem bestehenden Markt angeboten. Durch stetige Verbesserung der Produkte und Dienstleistungen kann ein größerer Marktanteil verwirklicht werden (Nagel & Wimmer, 2009, S.206).

Eine weitere Unternehmensstrategie ist eine Kooperation. Diese wurde bereits mehrfach angeführt. Besonders eine vertikale Kooperation bietet sich an. Hier werden Prozesse vor und nach dem Unternehmen beobachtet. Im Falle des Gesundheitsstudios kommen nur Prozesse vorher in Frage. Diese beinhalten Physiotherapie und Krankengymnastik. Also können Patienten in Physiopraxen, Ärztehäusern oder Krankenkassen nach ihrem Grundaufbau in unserem Unternehmen nahtlos in ihr Gesundheitstraining übergehen. Besagte Patienten werden nach ihrer Behandlung an uns verwiesen. Im Falle der Rehasportler kennen diese bereits unser Unternehmen, was ihnen den Einstieg in das Gesundheitstraining erleichtert.

Auf Geschäftsbereichebene wird die Strategie der Differenzierung verfolgt. Mit dieser Strategie wird sich vom Rest der Konkurrenten abgesetzt, um Vorteile am Markt zu generieren. Bei unserem Unternehmen ist dies die Qualität der Betreuung und das breite Angebot. Durch individuelle Betreuung aller Kunden, die Möglichkeit ohne feste Mitgliedschaft einen Zirkel zu absolvieren, das breite Wellness-Angebot, die Bereitstellung von Supplements und die Kooperationen mit Krankenkassen u.Ä., wird sich erheblich von den übrigen Konkurrenten differenziert und ein Alleinstellungsmerkmal etabliert. Dies hat nicht nur den Vorteil, dass die eigene Marktposition sich verbessert, sondern verschärft zudem auch die Eintrittsbarrieren für potenzielle Konkurrenten.

4.2 Blue-Ocean-Strategie

Bei der Blue-Ocean-Strategie beschäftigt man sich mit der Erzeugung einer Nachfrage, also der Schaffung einer Innovation. Hierbei soll der Nutzen für den Kunden gesteigert und nach Möglichkeit die Kosten für das Unternehmen gesenkt werden (Mauborgne & Kim, 2015, S.77-84). In unserem Unternehmen wird angedacht lediglich Trainingsgeräte zu verwenden, die einem Dynamo-Prinzip ähneln. Konkret heißt das, dass alle Geräte nur durch eigene Benutzung funktionieren.

Dies hat diverse Vorteile:

1. Es kann seitens den Unternehmens Strom gespart werden, da die Geräte keinen benötigen
2. Die Kunden bekommen ein gutes Gefühl, etwas Nachhaltiges für sich und für ihre Umwelt getan zu haben
3. Die Nachahmung durch Konkurrenten wäre bei bestehenden Konkurrenten ein zu großer finanzieller Aufwand
4. Durch dieses Alleinstellungsmerkmal bekommt das Unternehmen mehr Aufmerksamkeit und der Bekanntheitsgrad kann gesteigert werden

5 Personalmanagement

Beim Personalmanagement wird untersucht, welche Eigenschaften die Führungsperson des Studios besitzen muss und wie diese anhand eines Recruiting-Prozesses überprüft werden können.

5.1 Führungsverhalten

Eine Führungsperson sollte selbst ein Visionär sein. Das bedeutet, dass die Führungsperson sich selbst mit der Vision des Unternehmens identifizieren kann und über das nötige Know-how verfügt diese Vision weiterzugeben. Die Führungsperson ist somit ein Vorbild für Kunden und Mitarbeiter. Aus unternehmerischer Sicht müssen kurzfristig Erfolge erzielt, das Unternehmen langfristig gestärkt und die Mitarbeiter weiterentwickelt werden (Hinterhuber, 2004, S.271).

Die Führung des "Coachenden Stils" sollte angestrebt werden. Hierbei wird auf menschliche und berufliche Weiterbildung gebaut, welche nicht nur die Führungskraft, sondern auch Mitarbeiter betreffen. Dieser Stil ist mit der Mission zu kombinieren, da das Ziel ist jemand anderem zu helfen sein Ziel zu erreichen bzw. Ziele zu erreichen von denen vorher nicht mal dran zu denken war. Es wird offen über Stärken und Schwächen diskutiert und Unterstützung angeboten.

5.2 Recruiting

Beim Recruiting soll überprüft werden, ob die vorausgesetzten Eigenschaften vorhanden sind. Zunächst kann man dies anhand der Bewerbungsunterlagen erschließen. Der Coachende Stil setzt eine gewisse Art von Erfahrung als Führungsperson voraus. Somit sollte, beispielsweise im Lebenslauf, eine Position mit Verantwortung bereits ausgeübt worden sein. Dabei spielt es zunächst keine Rolle, ob dies in einem beruflichen Rahmen oder gar im privaten Rahmen geschehen ist. Etwa eine vorherige Funktion als Studioleiter oder aber ein Mannschaftsführer im Verein oder Studiensprecher wären geeignete Qualifikationen.

Nach dieser Vorauswahl werden persönliche Interviews durchgeführt. Hier wird zunächst die Person besser kennengelernt und ihr Auftreten beim Gespräch. Stärken und Schwächen werden erfragt und analysiert.

Anschließend werden Rollenspiele mit den Bewerbern erstellt. Das erste Rollenspiel stellt simpel die Verkaufssituation mit einem Kunden dar. Hier kann der Umgang mit Kunden beobachtet werden und die Reaktionen auf ungewohnte Situationen.

Das zweite Rollenspiel handelt von einer Konfrontation der Führungskraft bei Problemen mit einem Mitarbeiter. Hier kann besonders der "Coachende Stil" überprüft werden. Es werden Ruhe, Kooperationsbereitschaft und Konfliktlösung gefordert.

6 Literaturverzeichnis

BVGSD (2022). *Qualitätskriterien*. Verfügbar unter https://www.bvgsd.de/aufgaben-und-ziele/qualitaetskriterien/, zuletzt zugegriffen am 19.05.2022.

Drack, Karl (2017): *Digitalisierung, Chancen, Risiken und Kompetenzen (Teil1)*.Online verfügbar unter https://www.fitnessmanagement.de/digital/digita lisierung-chancen-risiken-und-kompetenzen-teil-1/, zuletzt zugegriffen am 19.05.2022.

DSSV (Hg.) (2020): *Eckdaten der deutschen Fitness-Wirtschaft 2020*. DSSV. Hamburg. Online verfügbar unter https://ilias.dhfpg.de/goto.php?target=file_3998850_download&client_id=DHfPG, zuletzt geprüft am 19.05.2022.

Hinterhuber, H. H. (2004). *Strategische Unternehmungsführung. Strategisches Handeln* (De Gruyter Lehrbuch, 7., grundlegend neu bearb. Aufl.). Berlin: De Gruyter.

Kieser Training (o.J.): *Unternehmen*. Online verfügbar unter: https://www.kieser-trai ning.com/unternehmen/, zuletzt zugegriffen am 19.05.2022.

Kim, W. C. & Mauborgne, R. (2015). *Blue ocean strategy. How to create uncontested market space and make the competition irrelevant (Expanded edition)*. Boston, Mass.: Harvard Business School Publishing Corporation.

Nagel, R. & Wimmer, R. (2009). *Systemische Strategieentwicklung. Modelle und In-strumente für Berater und Entscheider (5., aktualisierte und erweiterte Auflage)*. Stuttgart: Schäffer-Poeschel.

Sport- und Gesundheitsstudio Lilienthal GbR (o.J.): *Home*. Verfügbar unter: https://ww w.sport-gesundheit-lilienthal.de/, zuletzt zugegriffen am 19.05.2022.

Schawel, Christian; Billing, Fabian (2011): *SWOT-Analyse*. In: Christian Schawel (Hg.): Top 100 Management Tools. Wiesbaden: Springer Fachmedien, S. 182–183.

Statista (Hg.) (2021). Einwohnerzahl der Stadtbezirke in Düsseldorf im Jahr 2019. Online publiziert. Verfügbar unter: https://de.statista.com/statistik/daten/studie/1232968/umfrage/einwohnerzahl-stadtbezirke-duesseldorf/#professional, zuletzt zugegriffen am 19.05.2022.

Vitalis Gesundheitszentrum (o.J.): Betreuung. Online verfügbar unter: https://vitalis-bennrath.de/betreuung/, zuletzt zugegriffen am 19.05.2022.

7 Abbildungs- und Tabellenverzeichnis

7.1 Abbildungsverzeichnis

7.2 Tabellenverzeichnis